El **emperador** y el **niño campesino**

Rosa Martínez
ilustraciones de Steve Sanford

**Harcourt**

Orlando   Boston   Dallas   Chicago   San Diego

Visita *The Learning Site*

www.harcourtschool.com

Una mañana muy temprano, un viajero
solitario iba por un polvoriento camino. Viajaba
por la región que lo que hoy es México. Era en la
época del Imperio Azteca, hace mucho tiempo. El
viajero llevaba sobre sus hombros un sarape de
lana de muchos colores que lo protegía del aire
frío de la mañana. Sabía que muy pronto el sol lo
calentaría todo. Las anchas alas del sombrero del
viajero lo protegerían de los fuertes rayos del sol.

Mientras atravesaba el valle, el viajero prestaba atención a muchos detalles del paisaje. Grandes piedras se hallaban dispersas sobre la hierba seca de los campos aledaños. De vez en cuando, el viajero pasaba frente a alguna pequeña casa. Pensaba en lo difícil que sería cultivar esta tierra y en lo dura que debía ser la vida para la gente que vivía en esta región.

En un recodo del camino, el viajero se encontró con un niño campesino. El niño caminaba despacio a través del campo. Parecía buscar algo. De vez en cuando se agachaba y recogía un madero. El viajero supuso que el niño estaba recogiendo leña. Su familia usaría la leña para hacer una hoguera y cocinar la comida.

—Hola —dijo el viajero al niño.

—Hola —le contestó el niño campesino, alzando la vista.

El viajero miró hacia una pequeña choza de barro apartada del camino. Había un árbol de limón a un lado de la choza. Un sembrado de maíz crecía cerca de la choza. Se veía claramente que la gente que vivía allí era muy pobre. Debían haber aprendido a vivir muy modestamente para poder sobrevivir con tan poco.

—¿Tú vives en esa casa que se ve allá? — preguntó el viajero, señalando hacia la choza.

—Sí —respondió el niño—. Vivo con mi mamá y mi papá.

El niño observó detenidamente al extraño. Muy pocas personas pasaban por ese lugar. Pero el hombre parecía inofensivo, así que el niño regresó a su tarea de buscar leña.

El viajero miró al niño, fascinado con lo que estaba haciendo. Sabía que la familia del niño tendría que esforzarse mucho para conseguir qué comer. Miró el manojo de palos y ramas que el niño cargaba.

—Veo que no es fácil encontrar leña por estos lugares. ¿Por qué no subes a la ladera de la montaña? Debe haber suficiente leña allá arriba— dijo el viajero.

—¡Oh, no!, de ninguna manera —exclamó el niño campesino, asombrado de lo que sugería el viajero.

—¿Y por qué no? —preguntó el viajero—. ¿No es la vida acaso suficientemente dura como para hacerla más difícil aun?

—Todo ese bosque pertenece al emperador —dijo el niño—. Nos han dicho que él va a cazar allí varias veces al año. La ley del emperador dice que nadie debe entrar en el bosque. Si me sorprenden allá arriba, pagaría con mi vida.

El niño dió una vuelta y continuó buscando leña.

—Escucha —dijo el viajero— aquí sólo estamos tú y yo. Puedes ir al bosque y nadie lo sabrá. Yo no se lo diré a nadie, no tendrás ningún problema.

—No, gracias —dijo el niño campesino—. Yo sólo recogeré la leña que encuentre en este lugar.

El niño se preguntaba por qué el extraño sugería tan descabellada idea.

—¡Qué pena! —dijo el extraño—. Toda la madera que está allá arriba se va a perder. Tu emperador debe ser un gobernante muy egoísta para no querer compartir su leña —dijo moviendo la cabeza, como para demostrar que tal comportamiento era difícil de entender.

El niño observó la cara del hombre. Le pareció ver una mirada maliciosa en sus ojos. El niño no tenía deseos de escuchar más ideas descabelladas, así que le dijo:

—Quizás el emperador no sea una persona muy generosa, pero eso no significa que yo deba violar la ley. Mi madre siempre dice: "Una injusticia no justifica otra".

El viajero se encogió de hombros y dijo:

—Bueno, tú sabrás qué es lo que más te conviene.

Después se dio vuelta y miró hacia el camino en dirección al lejano volcán.

—Y ahora —siguió diciendo— debo seguir mi camino. Todavía tengo mucho que andar antes de que oscurezca. Buena suerte, jovencito.

El niño campesino se despidió del extraño y se fue a recoger madera. Ya entrada la tarde, había recogido un gran montón de leña. Si la economizaban, su familia tendría suficiente para una semana.

Varios días después, otro desconocido llegó a la choza de barro. Dijo ser un mensajero del emperador. El niño y su familia recibieron la orden de irse a la mañana siguiente con el desconocido al palacio del emperador. Compartieron su cena con el mensajero. Después le prepararon un lugar donde dormir con unas colchas en el suelo.

A la mañana siguiente, salieron rumbo al palacio del emperador. La familia campesina caminaba silenciosa por el camino, temerosa de estar metida en algún problema. Al llegar al palacio, fueron conducidos hacia el salón del trono. El emperador estaba sentado en su trono, esperándolos.

El niño miraba a su alrededor fascinado con todo lo que veía. Entonces miró al emperador, quien vestía prendas reales. Al ver la cara del emperador, sus ojos se agrandaron y se quedó paralizado. ¡Reconoció al hombre de la mirada maliciosa!

—Usted es el extraño —dijo el niño con voz entrecortada—, ¡ el hombre del camino! —dijo deteniéndose para tomar aliento—. ¡Usted me aconsejó que robara madera del bosque del emperador!

Una ola de miedo se apoderó de él.

El emperador le sonrió a él y a su familia.

—No tienen nada que temer —dijo—. Algunas veces me disfrazo y ando solo por los caminos. De esa manera logro conocer de cerca a mis súbditos. Sé si hay problemas que debo resolver. Averiguo qué cosas debo hacer para ayudar a mi pueblo.

Y, mirando directamente al niño, el emperador continuó:

—Me siento orgulloso de tener súbditos tan honrados y fieles. Tú rehusaste violar mis leyes. Por eso, quisiera recompensarte a ti y a tu familia. Este cofre con monedas de oro es para ustedes.

El niño campesino y sus padres iban a
agradecerle al emperador por tan generoso
regalo, pero él los interrumpió diciendo:

　　　—Tengo otra cosa que decirles —dijo—.
Gracias a ustedes, he aprendido que una de mis
leyes es injusta. De ahora en adelante, todos
aquellos que deseen entrar a mis bosques podrán
hacerlo. Ahora los invito a cenar con su
emperador. ¡Esta noche se quedarán en el palacio
como invitados imperiales!